ACADÉMIE
DE PEINTURE, SCULPTURE
ET ARCHITECTURE,
De la Ville de Valenciennes.

Exposition Publique
DE
1828.

VALENCIENNES,
CHEZ J.-A. PRIGNET, IMPRIMEUR,
Rue de la Nouvelle-Hollande, n°s 27 à 29.

AVIS.

L'exposition publique des ouvrages de peinture, sculpture, architecture, etc., des antiquités, morceaux d'histoire naturelle, livres et curiosités, consistera en onze salles numérotées de 1 à 11, qui seront ouvertes tous les jours, à compter du lundi 8 septembre, de dix heures du matin à midi, et de trois à six heures du soir.

Les vendredis et samedis, on ne recevra que les membres de l'Académie, les fonctionnaires publics, et les étrangers sur la présentation de leurs passeports.

Les autres jours on n'admettra que les personnes d'une mise décente; les enfans qui ne seraient point accompagnés de leurs parens ne seront pas reçus. On remettra à l'entrée du Musée, à une personne préposée à cet effet, les cannes, parapluies, armes, paquets, etc. Il est expressément défendu d'amener des chiens. S'il arrivait quelque dommage aux ouvrages exposés, celui qui l'aurait causé en indemniserait le propriétaire.

Nota. Les numéros du présent catalogue correspondent à un numéro semblable placé sur les objets désignés.

SALLE DU LAOCOON.

N° 1.

Sculpture et Modelure.

1. Le groupe de *Laocoon*, modèle en plâtre, d'après l'antique.
2. Une matrone drapée, id.
3. Bas-relief en plâtre représentant une académie d'après nature, par M. *Henri Lemaire*, fait en 1817.
4. Buste de M. *de Pujol*, fondateur de l'Académie de Valenciennes, exécuté par *Dumont*, de cette ville.
5. — de Mll° *Duchesnois*, née en cette ville.
6. — de l'ancien concierge de l'Académie.
7. Deux vaches en plâtre.
8. Quatre bustes d'après l'antique, études.

Peinture. — *Par M.* ABEL DE PUJOL, *chevalier de la légion d'honneur, peintre à Paris.*

7. *Ligarius* absous par César après le plaidoyer de *Cicéron*, tableau à l'huile de grande dimension, appartenant à la ville.

Par M. SERRUR, *né à Douai, peintre à Paris.*

8. Naufrage de *Camoëns*, tableau à l'huile de grande dimension, envoyé à la ville de Valenciennes, par le ministre de la maison du Roi.

Camoëns est représenté au moment où il vient d'échou[er] en Cochinchine, et tenant, hors de l'eau, les feuilles [de] son poëme de la *Luciade*, seul trésor qu'il dérobait à [la] mer et dont il prenait plus de soin que de sa propre vi[e].

Par M. Coliez, ancien décorateur de Valenciennes.

9. Quatre vues des différentes portes de Valenciennes, peintes à l'huile et d'après nature.

Par Olivier Lemay, ancien académicien de cette ville.

10. Une grande marine peinte à l'huile.

Par M. Antoine Dangreau, ancien élève de l'aca[-]démie de cette ville.

11. Supplice de *Sisyphe*, aux enfers; il roule un rocher qui retombe sans cesse.
12. Portrait en pied de M. *de Magalotti*, premier gouverneur français de Valenciennes, restauré par M. Momal.
13. Portraits de la duchesse *Dorothée de Croy* et de ses enfans, peints par *Pourbus*.
14. Le hussard du prince *d'Esterhazy*.
15. Le roi-boit, copie de *Jordaens*.
16. Portrait de *Louis XIV*.
17. Divers tableaux à l'huile, apparten. à la ville.
18. Deux portraits au pastel par *Latour*.
19. Deux dessins originaux de *Lantara*.
20. Quatorze gravures appartenant à la ville.

SALLE DES ANTIQUES.

N° 2.

Statues en plâtre, d'après l'antique.

1. L'*Apolline*, ou jeune Apollon.
2. Orateur romain, dit le *Germanicus*.
3. Héros, dit le Gladiateur combattant.
4. *Silène*, portant dans ses bras *Bacchus* enfant, dit *le faune à l'enfant*.
5. Diane chasseresse.
6. Vénus dite de *Médicis*.
7. Antinoüs, dit *du Capitole*.
8. L'Amour Grec.
9. Castor et Pollux.
10. Génie suppliant.
11. Torse de Vénus.
12. Vénus accroupie.
13. 14 têtes d'études, grecques et romaines.

Peinture et dessin.

Par M. F. AUVRAY, médailliste de l'académie.

14. Etudes à l'huile d'après nature, figures académiques.

Par M. BOUGENIER, médailliste de l'académie, pensionnaire de la ville.

15. Deux études à l'huile, d'après nature.
16. Huit dessins d'Académie, d'après nature, par le même.

SALLE D'APOLLON.

N° 3.

Sculpture.

1. Le torse d'Hercule au repos, dit du *Belvédère*, en plâtre, d'après l'antique.
2. L'*Apollon du Belvédère*, idem.
3. L'Ecorché, étude.
4. Hercule au repos.
5. Torse de Vénus.
6. Torse de l'Amour grec.
7. Têtes de lion et de bœuf.
8. Six têtes d'études grecques et romaines.

Par Duret, *sculpteur de Valenciennes.*

9. Diogène cherchant un homme.

Par Milhomme, *sculpteur de Valenciennes, ancien pensionnaire à Rome.*

10. Un bas-relief en plâtre, représentant Caïus Gracchus, sortant de chez lui pour se rendre au Forum et lutter contre le consul Opimius.

Par M. Henri Lemaire, *sculpteur de Valenciennes, ancien pensionnaire du Roi à Rome.*

11. Un bas-relief en plâtre, représentant Enée blessé et guéri par le dictame.
12. Alexandre-le-Grand chez les Oxidraques.
13. OEdipe à Colonne.

SALLE DE JOSEPH CLEMENT.

N° 4.

1. Portrait de *Joseph Clément*, électeur de Cologne, peint par *Vivien*, et donné aux magistrats de Valenciennes par l'électeur lui-même après un séjour qu'il fit en cette ville au commencement du XVIII siècle.

Architecture.

2. Les plans, élévations et coupes d'un tribunal de paix avec ses dépendances, sujet du concours de 1828, proposé à la 1ʳᵉ Classe d'architecture de cette ville. Les élèves qui ont mérité des prix et l'exposition de leurs ouvrages sont : 1ᵉʳ *Méniel* Félix; 2ᵉ *Legros* François, 3ᵉ *Gillet* Léonide.

3. Concours de la 2ᵉ classe d'architecture. Entablemens d'ordres Dorique et Ionique. Dessins détaillés d'un lit de parade avec son plan et coupes sur tous sens, ouvrage de menuiserie ou d'ébéniste. Les auteurs sont : 1ᵉʳ *Vallez* Théodore, 2ᵉ *Boquet* Alfred, 3ᵉ *Boquet* Félix.

Par M. Casimir Petiau, médailliste de la classe d'architecture, présentement élève de l'école spéciale et royale de Paris.

4. Un chapiteau du portique du Panthéon à Rome.

5. Deux candelabres d'après l'antique.

6. Une porte d'ordre Toscan exécutée par *Vignole* dans les jardins de Caprarole, et une esquisse d'architecture sous le même n°.

Par M. Louis Timal, élève de la classe d'architecture de cette ville, employé dans le bureau de l'architecte de la préfecture, à Lille.

7. Les plans, élévation et coupe d'une prison militaire, sujet du concours de l'académie de Lille de 1827.

SALLE DE LA THEOLOGIE.

N° 5.

Cette salle renferme les livres de *Théologie* et de *Jurisprudence* de la Bibliothèque communale.

SALLE DE LA BIBLIOTHÈQUE.

N° 6.

1. Cette salle, décorée des portraits des jésuites les plus célèbres, renferme la plus grande partie des livres de la bibliothèque communale. Au-dessus de la porte d'entrée un grand tableau à l'huile, d'une forme demi-circulaire, représente *St.-Paul* prêchant devant les athéniens sur le *Dieu inconnu*; en face un second tableau, de la même forme, représente les pères de l'église commentant l'écriture sainte. Ces deux tableaux sont fixés à demeure.

2. Une armoire contenant le grand ouvrage sur l'Egypte, don de la munificence royale envers la ville de Valenciennes.

Sculpture.

Par M. Cadet de Beaupré fils, professeur de sculpture à Mons.

3. Hercule armé de sa massue, statue en plâtre donnée au musée par l'auteur.

Par M. Louis Auvray, élève de l'académie de cette ville.

4. Un bas-relief de sa composition représentant *Thésée terrassant le Minotaure.*

Minos, ayant vaincu les Athéniens, les obligea d'envoyer en Crète, tous les neuf ans, sept jeunes hommes et autant de jeunes filles pour être la proie du minotaure. Le sort désigna *Thésée* pour faire partie de ce contingent; mais par le secours d'*Ariadne* fille de Minos, qui en devint éprise, Thésée tua le monstre et sortit du labyrinthe qui lui servait de retraite.

5. Bas-relief représentant une figure académique d'après nature, par le même. (Ces deux bas-reliefs sont ceux du concours de sculpture de cette année).

Peinture.

Par M. Félix Auvray, peintre, élève de l'académie de peinture, à Rome.

6. Le *Déserteur spartiate*, tableau à l'huile de grande dimension, peint à Rome en 1827.

Léonidas et ses trois cents spartiates avaient juré de

mourir ensemble pour la défense de la Grèce au passage des Thermopyles ; un seul d'entr'eux survécut et alla porter à Lacédémone la nouvelle de la mort glorieuse de ses frères d'armes. Arrivé dans ses foyers, il est accablé des reproches de ses concitoyens et des malédictions de sa mère qui refuse de le recevoir ; une jeune femme met la main devant les yeux de son fils pour que ses regards ne soient pas souillés par la vue d'un lâche. Bientôt honteux lui-même de sa conduite, le déserteur spartiate fut obligé d'aller chercher la mort à la bataille de Platée.

Ce tableau a figuré dans la dernière exposition du Louvre ; son auteur en a fait hommage à sa ville natale.

SALLE DE LA GALERIE.

N° 7.

Histoire naturelle.

1. Armoires contenant la collection minéralogique et conchyliologique rangée dans un ordre systématique. Cette dernière partie a reçu beaucoup d'augmentation cette année, on en trouve le catalogue détaillé chez le libraire *Lemaître*, où il est en vente.
2. Armoires contenant des curiosités naturelles.
3. Collection d'oiseaux et d'animaux empaillés.
4. Armoire contenant des poissons et reptiles.
5. Une grande quantité d'Aigagropiles données au musée, par M. J.-B. *Foucart*.
6. Sanglier tué au faubourg de Paris, empaillé par M. *Pierre Leroy* et donné par M. *A. Pochez*.

7. Armoire contenant : paon, cygne, cigogne, renard blanc, singes et chèvre.
8. Huit cadres de papillons et d'insectes.

Sculpture.

9. Ébauche en plâtre d'une statue de *Louis XV*, par *Milhomme*.
10. Douze bustes en marbre et en plâtre.
11. 5 médaillons en plâtre représentant *J.-J. Rousseau*, *Franklin*, *Voltaire*, *Guillaume Tell* et *Junius Brutus*.

Peinture.

12. Quatre tableaux anciens appartenant à la ville, représentant différentes vues de Valenciennes, et la prise de quatre esturgeons.
13. Martyr de Ste.-Catherine, esquisse à l'huile.
14. Tableaux anciens à l'huile.
15. Deux hommes nus et couchés peints par F. *Auvray*.

Antiquités, curiosités.

16. Chapiteau corinthien et inscription romaine trouvés à Famars.
17. Deux statuettes en bronze représentant *Apollon* marchant et le buste de *Bacchus* couronné de lierre, venant de Famars.
18. Anciennes sculptures trouvées à Famars.
19. Meules à blé romaines trouvées à Famars.
20. Amphore, carreaux, tuiles, faîtières et pavés des *Hypocausta* de Famars.

21. Vases en bronze, qui contenaient les médailles romaines en argent trouvées à Famars.
22. Armure complette du moyen âge.
23. Trophée d'armes anciennes.

Du cabinet de M. ARTHUR DINAUX.

24. Un parasol chinois monté sur bambou.
25. Eventail indien formé d'une seule feuille.
26. Crick ou poignard malais empoisonné.

SALLE DE LOUIS XIV.

N° 8.

Peinture.

1. Portrait en pied de *Louis XIV*, peint à l'huile et de grandeur naturelle, donné à la ville en 1680 et restauré en 1827, par M. *Momal*, professeur de l'académie.
2. La leçon de musique, tableau à l'huile, restauré par M. Momal.
3. Deux intérieurs d'église par *Pétersneſs*.
4. Gaspart de Coligny, portrait restauré par M. *Momal*.
5. Marie de Médicis, portrait en pied peint par *Pourbus*.
6. Le marquis de Cernay.
7. Maurice de Nassau, prince d'Orange.
8. Descente de croix, restaurée par M. *Momal*.

9. *Christ* sur la croix, attribué à *Rubens*.
10. *Prise de Condé* par *Louis XIV*, grande miniature.

Sculpture.

11. Buste en marbre de *Henri d'Oultreman*, prévôt et historien de Valenciennes.
12. Buste en marbre de *Simon Leboucq*, prévôt et historien.
13. Buste en terre cuite de M. *Crendal*, ancien lieutenant prévôt de la ville, donné par M. *Crendal de la Tourre*, son fils.

Histoire naturelle.

14. Quatre vitrines renfermant des roches, agathes et autres curiosités naturelles.
15. Collections d'échantillons de bois du pays et autres.

SALLE DES ACADÉMICIENS.

N° 9.

Peinture. — Par M. Momal, *peintre d'histoire et de portraits, médailliste de l'académie royale de Paris, premier professeur et membre de l'académie de Valenciennes, place Royale, n° 4.*

1. Tableau peint à l'huile, représentant *Cléobis* et *Biton*, de la composition de l'auteur.

Cléobis et Biton étaient deux frères recommandables par

leur piété envers *Cydippe*, leur mère, et qui méritèrent par là les honneurs héroïques. Cette mère devant aller au temple de *Junon* à *Argos* sur un char traîné par des bœufs et n'ayant pas ces animaux près d'elle, ses deux fils se mirent sous le joug et tirèrent le chariot l'espace de 45 stades, jusqu'au temple. Tout le monde félicitant cette femme d'avoir de tels enfans, elle pria la déesse Junon de leur donner ce qu'un homme pouvait souhaiter de mieux. Après cette prière, ils offrirent le sacrifice, prirent leur repas, s'endormirent dans le temple même et ne s'éveillèrent plus. La déesse leur avait envoyé pendant leur sommeil, la mort, comme le plus grand bien qui puisse arriver à l'homme.

2. Diane caressant son cerf, tableau imitant un bas-relief en plâtre.

Par M. Bécar, *peintre-paysagiste à Valenciennes.*

3. Deux paysages de sa composit., peints à l'huile.

4. Un tableau peint à l'huile, représentant *l'union de la poésie et de la musique*, par M. *Momal*, donné au Musée par M. *de Mathieu*,

5. Le Tems découvrant la Vérité, peint par M. *Momal*, et donné au Musée par M. De Mathieu.

6. La ville de Valenciennes protégeant les arts et particulièrement la peinture, peint à l'huile par M. Momal.

7. Phèdre et Hypolite à l'Hypodrome, paysage historique, par *Locoge*, de Valenciennes.

8. Paysage historique par le même.

9. Herminie chez les bergers, par *Quinart*.

10. Protogène peignant, par *Auvray*.
11. Mort de Méléagre, par le même.
12. Esquisse du même.
13. Le congé absolu, par *Louis Watteau*.
14. Les quatre parties du jour par *A. Watteau*.
15. Conversation, par le même.
16. Herminie chez les bergers, par Olivier Lemay.
17. Portrait de M. *de Pujol*, ancien prévôt de Valenciennes, et fondateur de l'Académie de de cette ville, peint par M. Abel de Pujol, et donné au Musée par MM. *de Grumelier*.
18. Une miniature par M. *Baisiez*, représensentant une jeune dame, appuyée sur le dos d'un fauteuil ; appartenant à la ville.
18 (bis). Le compteur d'argent, ancien tableau appartenant à la ville.

Sculpture.

19. Bas-relief représentant la ville de Valenciennes protégeant les arts ; morceau de réception à l'académie de M. *Cadet de Beaupré*.
20. Buste de *Coliez*, peintre décorateur, exécuté par M. *Léonce-Fieuzal*, et donné au musée par ses héritiers.
21. Dix cadres contenant 1117 empreintes de pierres gravées, camées, etc., la plupart d'après l'antique.

SALLE DES MODERNES.

N° 10.
Peinture.

1. Une grande Marine peinte à l'huile et restaurée par M. Bécar, peintre paysagiste, à Valenciennes. Elle représente un combat naval entre les Turcs et les Hollandais.
2. Paysage historique peint à l'huile, restauré par M. Bécar, peintre paysagiste.

Ce tableau représente une sortie des habitans de Valenciennes au nombre de 6,000, par la porte *Tournisienne* (aujourd'hui porte de Lille). La scène se passe le 25 avril 1456 à 5 heures du matin; les bourgeois sont en marche, leurs bannières déployées, et sous la conduite de sire *Melchior du Gardin*, prévôt, pour aller abattre une maison à Bruai et une autre à Fresnes, pour venger l'insulte qu'un bourgeois avait reçue des propriétaires de ces maisons. Cette exécution se nommait le droit d'*ajours* et d'*abattis* et était un des plus anciens privilèges de la ville de Valenciennes.

Par M. BOUGENIER, ancien élève et médailliste de l'*Académie de Valenciennes*, pensionnaire de la ville à Paris.

3. Quatre figures peintes d'après nature.

4. Copie du tableau de *Roméo et Juliette*, d'après *Couder*, peint à l'huile.
5. Deux esquisses à l'huile.
6. Études de perspective.

Par un Amateur.

7. Un intérieur, d'après *Renou*.

Par M. Alexandre Dangreau, peintre de décorations, rue des Anges, n°s 21 et 22.

8. Essai d'un fragment d'architecture en perspective, tableau peint à l'huile, du cabinet de M***.
9. Moïse traversant la mer Rouge à la tête des hébreux. (Cet ancien tableau est à vendre, s'ad. au concierge).

Du Cabinet de M. Momal.

10. Passage d'un pont, par Vandermeulen.
11. Départ pour la chasse, tableau appartenant à la ville.

DESSIN

Par M. F. Baisiez, peintre en miniature, premier médailliste des classes de la bosse et du modèle, de l'académie de cette ville, place d'armes, n. 28.

12. Portraits en miniature et au crayon, sous le même numéro.

Par M. Hipolite Auvray, peintre décorateur, place St.-Vast.

13. Un dessin au crayon noir, d'après nature, représentant une vue de la grande place de

Valenciennes, prise du premier étage des *ciseaux d'or*.

Cette vue est la même que la peinture en détrempe et en grand que l'on peut voir chez l'auteur, et dont il va mettre la lithographie en souscription.

Par M. Jérémie Cacheux, de Valenciennes.

14. Un cadre renfermant plusieurs silouettes découpées d'idée et sans esquisse.

Par Mlle. E. T. P.

15. Un vase de fleurs et accessoires, dessiné au crayon noir, d'après une sculpture en bois qui se trouve dans le cabinet de S. A. R. le prince d'Orange, à Lahaye.

SCULPTURE.

Par M. Aubert Parent, professeur d'Architecture, ancien pensionnaire des rois de France et de Prusse, membre de plusieurs Académies et Sociétés, correspondant de celle royale des Antiquaires de France, rue de l'Intendance, n. 30.

16. Un groupe d'oiseaux sur une branche de roses, appartenant à M. Frelicher, architecte de S. A. R. la Duchesse de Berry et inspecteur des travaux de la Madeleine, ancien élève de l'auteur.

Par M. Jérémie Cacheux, Amateur.

17. Un oiseau expirant de la piqure d'un serpent.

Architecture.

Par M. PARENT, *ci-dessus nommé.*

18. Le plan géométral et la coupe, prise en longueur intérieure, de l'église paroissiale en projet, sous le titre de N. D. la Grande, en mémoire de la délivrance miraculeuse de la peste de l'an 1008. Dédié aux habitans de Valenciennes. Le coupe transversale, ayant paru l'année dernière, est exposée cette année au salon des arts de la ville de Cambrai.

19. Croquis au trait d'une porte triomphale projetée avant la révolution, pour remplacer celle de la grille de fer de la 1ère cour du château de Versailles, accompagné de deux colonnes rostrales en mémoire de la paix qui suivit la guerre d'Amérique. Ce projet fut présenté au Roi par M. d'*Angeviller*, directeur des académies du royaume. L'original de ce croquis ainsi que d'autres compositions de l'auteur, existent aujourd'hui dans les appartemens du château de Trianon.

Par M. NIVELEAU, *architecte de Bavay*, ancien élève et médailliste de l'école royale d'architecture de Paris.

20. Vues perspectives à *Gussignies*, *St.-Waast* et *Hon-Hergies*, villages du canton de Bavai et de la ville d'*Avesnes*.

21. Vue de la marbrerie de *Bellignies*, élevée sur les plans et sous la direction de l'auteur, en 1820.

Curiosités.

22. Une basse de flûte, appartenant à un amateur

Du cabinet de M. Hécart, secrétaire de l'académie de Valenciennes.

23. Une vitrine, contenant 1° une vue du Mont Vésuve, mosaïque, faite de marbres et de laves provenant de ce célèbre volcan.

2° Une tabatière oisogone de la même lave.

3° Une autre de la même lave, fabriquée sur le tour et montée en or.

4° Une autre en marbre coquillier des environs de Naples.

Du cabinet de M. Ducotttier, amateur.

24. Neuf vitrines contenant des coquillages de la plus belle conservation.

25. Vitrines renfermant des insectes et des papillons appartenant à la ville.

SALLE DES ANCIENS.

N° 11.

Peinture.

1. Sainte famille par *Martin de l'As*, restaurée par M. *Momal*.
2. St.-Étienne diacre.
3. Tête de Ste.-Cécile.
4. Hérodias.
5. Tableau représentant plusieurs pièces de gibier, restauré par M. *Momal*.

6. Les deux mendians, tableau restauré par M. Momal.
7. Jésus-Christ appellant St.-Mathieu à l'apostolat, par *Luc Giordane*.
8. Anciens tableaux appartenant à la ville.

Sculpture.

9. Un Christ en ivoire, *par feu M. Lussigny, de Valenciennes*.
10. Jupiter, modèle en terre.

Par Fickaert, *de Bruxelles.*

11. Un chien sur un lapin. — En terre cuite.
12. Un chien sur une perdrix.   id.
13. Vénus et les Amours.   id.
14. Enée emportant son père Anchise et conduisant son fils Ascagne.   id.

Par ***

13. Groupe de *Laocoon*, en bronze. Petite dimension.
14. Un Gladiateur, idem.
15. Un Hercule soutenant une colonne, id.

Par Saly, *sculpteur Valenciennois.*

16. Le buste de *Pater*, autre sculpteur Valenciennois ; ce buste fait en terre cuite en 1737, a été restauré en 1825 par M. *Léonce-Fieuzal*, professeur de l'académie de Valenciennes, et donné au musée par M. *Sohier-Chotteau*.

Curiosités.

17. Médailles et petits objets romains, provenant de Famars et appartenant à la ville.
18. Monnaies et médailles données au musée par M. *Legrand*, doyen de St.-Nicolas à Valenciennes.
19. Médailles frappées dans les différentes villes du département du Nord à l'occasion du voyage de S. M. Charles X, en 1827.

www.ingramcontent.com/pod-product-compliance
Lightning Source LLC
Chambersburg PA
CBHW070536050426
42451CB00013B/3045